HOPITAL FRANÇAIS DE PORT-VILA.
(Photographie de M. J. Giraud.)

LES FRANÇAIS AUX NOUVELLES-HÉBRIDES

I

Il ne reste plus guère, dans l'Océanie, d'autres archipels indépendants que les îles Tonga, assez proches des îles Samoa pour être l'objet des visées allemandes (quoiqu'elles aient été neutralisées entre l'Allemagne et l'Angleterre en 1886), et les Nouvelles-Hébrides, avec, au nord de celles-ci, le petit groupe de Sainte-Croix. Les Nouvelles-Hébrides sont destinées à devenir françaises, non seulement parce qu'elles se trouvent dans notre orbite coloniale par le voisinage de nos possessions océaniennes déjà acquises, îles Loyauté, Nouvelle-Calédonie, île des Pins, mais surtout parce que les colons français qui y sont établis et qui possèdent, d'après des actes régulièrement enregistrés, environ les trois quarts de la superficie totale du territoire, en réclament l'annexion définitive à la France. Dans l'état actuel, ils sont lésés au double point de vue moral et matériel. La commission mixte anglo-française qui a été instituée par la convention de 1887 n'a pas qualité pour enregistrer les naissances et les décès, procéder aux mariages, s'occuper des successions vacantes. Par conséquent les Français d'origine, expatriés aux Nouvelles-Hébrides, n'y ont pour eux-mêmes et pour leur famille aucune des garanties sociales résultant de l'état civil. D'autre part, le tarif douanier appliqué dans la Nouvelle-Calédonie depuis le 1er avril 1893 ne prévoyant aucune exception pour les produits exportés des Nouvelles-Hébrides, le marché avantatageux de Nouméa leur est fermé; ils n'ont de débouché qu'en Australie. Or, cette situation préjudiciable à tous égards n'atteint pas les colons anglais des Nouvelles-Hébrides, qui n'ont besoin, eux, pour la sauvegarde de leur état civil, que des registres tenus par leurs concessionnaires, et, tributaires naturels de l'Australie, en ce qui concerne leurs intérêts commerciaux, ne rencontrent aucune barrière douanière défavorable à leurs exportations. Ajoutons que la protection de la commission mixte est problématique. Les difficultés entre colons, celles qui sont provoquées par les Canaques engagés ou engagistes, ne peuvent se régler, d'une manière imparfaite, que devant des « comités de notoriété » qui n'ont pas d'autorité légale. Enfin l'influence anglaise, propagée activement parmi les naturels, sans que les Français puissent exercer un contre-courant assez fort, tend à réunir les Nouvelles-Hébrides aux îles Fidji, sous prétexte de faire cesser les crimes commis actuellement par les Canaques échappant à la répression (1).

L'impunité de ces crimes et leur fréquence ne sont dues, à la vérité, qu'à l'impuissance ou à l'insuffisance d'action de la commission mixte, très limitée dans ses moyens d'inspirer aux naturels la crainte d'une justice forte et ferme. La commission mixte ne dispose, en effet, que des démonstrations de ses navires et de la mise en mouvement de ses compagnies de débarquement. Mais les navires, qui restent forcément au mouillage soit à Nouméa, soit à Sydney pendant la saison des cyclones, de décembre à avril, n'arrivent que lorsque les scènes de massacre ont eu lieu, et alors, embossés à une ou deux encablures du rivage, ne bombardent que des banians et des massifs de cocotiers, les tribus coupables ayant eu la prudence, dès le premier signal de l'approche du *man of war* et du bateau français, d'évacuer leurs cases et de se retirer dans l'intérieur de l'île, où il n'est pas facile d'aller les chercher. La commission mixte est en réalité un protectorat bâtard, inefficace et inutile. Les colons le savent si bien qu'ils veillent eux-mêmes, par leur réunion en groupes, à leur défense commune contre les Canaques; et lorsqu'ils sont isolés, comme les Coprahmakers, ils s'empressent d'abandonner la place aux tribus indigènes à côté desquelles ils vivent, aussitôt qu'elles se montrent hostiles. Il n'y a, dans ces conditions, qu'un seul parti à prendre pour la France : celui qui lui est conseillé par les faits et par les vœux des intéressés, ses nationaux. L'acte signé en 1887 (24 octobre) par lord Lytton, alors ambassadeur de la Grande-Bretagne, et par M. Flourens, alors ministre des affaires étrangères, n'a, en réalité, rien résolu. Les officiers de marine appartenant aux nations française et anglaise du Pacifique, constitués en commission navale mixte, peuvent si peu de chose, pratiquement, pour mettre à l'abri les personnes et les biens aux Nouvelles-Hébrides, que leur rôle n'est souvent que celui de l'observateur de Lucrèce :

Suave mari magno turbantibus æquora ventis...

(1) Ces meurtres existent, on ne saurait le nier; mais l'autorité française, si elle était établie dans les îles par l'annexion, s'exercerait aussi vigoureusement que l'autorité britannique, si celle-ci s'intronisait. En attendant, les colons anglais prennent texte des conventions qui les placent aux Nouvelles-Hébrides sous la juridiction du gouvernement des îles Fidji, pour travailler à rendre ce dernier maître exclusif dans la colonie. De là les nouvelles à sensation apportées à Sydney par les vapeurs anglais revenant des Nouvelles-Hébrides. Ainsi, au commencement de janvier 1898, on affirmait que les tribus indigènes se livraient entre elles à des massacres, que beaucoup de sang était répandu, etc. (C. S.)

II

Les Nouvelles-Hébrides n'ont pris, comme colonie européenne, d'importance que depuis une vingtaine d'années, mais il a été question d'elles,

CARTE DES NOUVELLES-HÉBRIDES.

en Europe, dès le commencement du dix-septième siècle, époque où Fernandez de Quiros, lieutenant du navigateur espagnol Mendana, mouilla dans la baie Saint-Philippe (Espiritu-Santo) et y fonda un établissement sous le nom de Nouvelle-Jérusalem, en donnant à la rivière qui se jette dans le fond de la baie l'appellation de Jourdain. Cette colonie, très vantée par de Quiros dans ses rapports à Philippe III, fut abandonnée, après la mort de son fondateur, par les Espagnols, devant l'attitude menaçante des indigènes. Les marins perdirent même toute trace des Nouvelles-Hébrides pendant plus de cent ans. Elles furent découvertes pour la seconde fois dans la seconde moitié du dix-huitième siècle. Ce fut Cook qui, en 1774, leur donna le nom sous lequel elles sont désignées aujourd'hui, mais une partie du groupe de ces îles, tout au moins, fut reconnue par Bougainville en 1768. Cook, qui leur trouva une ressemblance avec l'archipel du nord-ouest de l'Ecosse, fut émerveillé de leurs richesses naturelles, et Forster, qui l'accompagnait, en était si enthousiaste qu'il s'écria : « C'est le paradis de l'Océanie. »

Le prolongement de l'archipel néo-hébridais (îles Banks) fut découvert par le capitaine Bligh, dont les voyages sont célèbres (1). Puis eurent lieu la tragique expédition de la Pérouse (1778), celle d'Entrecasteaux à sa recherche (1791), celle de Dumont d'Urville (1828), qui consacre dans sa grande relation des pages vivement intéressantes aux Nouvelles-Hébrides (2). Ce n'est qu'en 1818 que commencèrent les tentatives d'occupation bien plus que de colonisation des îles. Des missionnaires presbytériens voulurent s'y installer et y furent assassinés. D'autres, en 1839, faillirent avoir le même sort, et ne durent leur salut qu'à la fuite. Il en fut de même des maristes en 1847. Lorsque, le 25 septembre 1853, nous eûmes pris possession de la Nouvelle-Calédonie, des bateaux partirent bientôt de Nouméa pour trafiquer dans les Nouvelles-Hébrides. Des colons français s'y établirent, y acquirent des terres qu'ils mirent en culture. La France était si bien la seule puissance ayant des droits évidents sur ces îles, que les quelques Anglais faisant partie de la colonie demandaient eux-mêmes à être placés sous le protectorat français.

Ce fut alors qu'intervinrent les Anglais et les Australiens. Ils tâchèrent d'abord de se mettre d'accord pour l'exploitation de l'archipel des Nouvelles-Hébrides, et y seraient parvenus si le commerce néo-calédonien n'avait réclamé sa part. De là tiraillement et conflit. L'Australie déclarait que l'annexion anglaise s'imposait, mais prétendait en récolter tout le profit. L'Angleterre ne voulait pas tirer les marrons du feu. Se défiant des Australiens, elle se tourna vers la France. Une entente fut conclue entre les cabinets de Saint-James et de Paris en 1878. L'Australie ne se tint pas pour battue, et, préférant la politique par le fait à la diplomatie, chercha la solution du problème dans l'accaparement du commerce. Une compagnie australienne, au capital de 25 millions, fut créée dans ce but. Nouméa répondit à ce coup droit par la Compagnie calédonienne des Nouvelles-Hébrides, qui acquit aussitôt, grâce surtout à M. Higginson (1883), des quantités considérables de terrains achetés aux indigènes et aux colons anglais, éliminant ainsi ces derniers à peu près complètement. L'Australie tâcha d'entraîner alors l'Angleterre dans son plan de fédération australienne, impliquant l'occupation des Nouvelles-Hébrides. L'Angleterre refusa, mais sans rompre ouvertement avec les Australiens.

(1) Le voyage du capitaine Bligh, ainsi que l'établissement de son équipage révolté dans l'île de Pitcairn, est un récit des plus émouvants. Il figurera dans notre collection. (C. S.)

(2) Dumont d'Urville, *Voyage autour du monde* (Paris, Furne, Jouvet et Cie).

On en eut la preuve quand la France proposa d'annexer l'archipel néo-hébridais, en s'engageant à protéger les nationaux étrangers. L'Angleterre, au lieu de donner ouvertement son consentement, le subordonna, en définitive, à l'avis des gouvernements australiens, qui protestèrent contre les intentions françaises. De nouveaux massacres, dont les auteurs étaient les Canaques, et les fauteurs peut-être des Australiens, nécessitèrent l'occupation militaire des principales îles Hébrides par le gouverneur de la Nouvelle-Calédonie. Cette mesure aboutit à la convention anglo-française de 1887, dont nous avons parlé plus haut. Depuis ce moment, la situation n'a point changé politiquement, mais elle s'est considérablement modifiée sous le rapport commercial. Les colons français des Nouvelles-Hébrides ont donné de l'extension à leurs établissements; leurs transactions avec les pays voisins ont par suite augmenté. En outre, la Compagnie calédonienne, transformée en « Société française des Nouvelles-Hébrides », a augmenté notre influence en améliorant les diverses institutions de la colonie, écoles, hôpitaux, etc., et en resserrant les liens d'intérêt et d'union entre nos nationaux.

Il est hors de doute que l'archipel ne peut plus être livré à lui-même. Les 200 blancs qui s'y sont fixés se trouvent en présence de 60,000 Canaques et, dans un cas de révolte générale, à leur merci. La commission navale mixte succomberait fatalement devant un soulèvement en masse des indigènes, si ceux-ci avaient à leur tête un chef capable de les conduire et de les plier à sa volonté. A ces raisons qui motivent une annexion se joint celle de la civilisation. Les Canaques ne l'accepteront que d'un gouvernement qui la leur imposera. Quel sera ce gouvervement, France ou Angleterre? Tout porte à croire que demain peut-être le drapeau français flottera sur l'archipel. Mais pourquoi tarder à prendre cette initiative?

III

La superficie totale en hectares de l'archipel des Nouvelles-Hébrides, sans y compter les Banks et les Torres, est de 1,467,310. L'Archipel comprend deux grands groupes, sud et nord, le premier renfermant Aneitum (Annatom), Tanna (avec les petites îles de Foutuna et de Nioua), (Immer) Erromango, Vaté ou Sandwich et ses dépendances (Hat, Protection, Déception, Ngouna). Le second groupe se divise en deux parties, ouest et est : Mallicolo (avec les Markelynes, Vao, Wala, Rano) et Espiritu-Santo (avec Malo et Aoré), à l'ouest; Deux-Monts, May, Api, Ambrym, Paana, Lopevi, Pentecôte, Aoba, Aurore, à l'est; à ce dernier groupe appartiennent de nombreux îlots (ou îles) : Makoura, Tongoa, et les Shepherd (Alwoysy, Oufélair, Tongariki).

Les quatre ports les plus remarquables des Nouvelles-Hébrides sont : Port-Sandwich (dans l'île Mallicolo), Port-Vila et Port-Havannah dans l'île Vaté, et le canal du Segond, entre Aoré et Santo.

Dans la plupart des îles, le sol est d'une grande richesse, la flore abondante, la végétation splendide, offrant de magnifiques ressources à l'agriculture ou à l'exploitation forestière. Beaucoup d'essences de bois, propres à l'ébénisterie ou à la menuiserie fine (bois de rose, faux acajou, bois de fer, santal, cohu, etc.), des gommiers, des sagoutiers, des bancouliers donnant une huile siccative, etc., des arbres d'ornement (crotons, sicas, fougères arborescentes), dracenas, yuccas, des arbres fruitiers, surtout des bananiers, etc.

L'archipel est de formation mixte, basaltique au centre, madréporique sur les bords. Il présente une succession de plateaux ayant l'aspect de gradins, avec une brousse épaisse jusque sur le rivage et à peu près impénétrable; les éruptions volcaniques y sont nombreuses. Le volcan le plus remarquable, dans l'île de Tanna (Yasava en néo-hébridais), a une hauteur de 1,000 mètres, avec une plate-forme de 4 mètres et une profondeur de 60 mètres jusqu'à la lave. Au pied du cône volcanique proprement dit, à 600 mètres au-dessus du niveau de la mer, se trouve un petit lac d'eau douce, dans une situation analogue à celle du lac Vaihiria à Taïti. Le volcan de Tanna a été acheté par la Compagnie française pour sa solfatare, une des plus riches que l'on connaisse. A ce sujet un exemple de la bonne foi canaque : conseillé vraisemblablement par un intéressé qui était parvenu à lui faire croire que le soufre était de l'or sous une forme particulière, revendu très cher par les Français voulant l'acheter à vil prix, le chef canaque aurait répondu aux réclamations faites par un agent de la Compagnie qu'il avait « vendu le feu, mais non la terre et le soufre ».

« De nombreux Français, dit M. Davillé, à qui nous devons tous ces renseignements, vivent dans cet archipel lointain, dont l'avenir est intimement lié à celui de nos possessions océaniennes. Abandonnés à leurs propres ressources, ils ont peu à peu transformé ce pays. Ils ont fait de ce groupe d'îles une terre vraiment française à laquelle tous ont voué un grand attachement, et ce n'est pas sans une cruelle anxiété qu'ils regardent vers la mère patrie, appelant de tous leurs vœux la prise de possession définitive. J'ai visité pour la première fois les Nouvelles-Hébrides en 1886; les plantations françaises se trouvaient encore dans la situation de tous les terrains aux débuts d'une colonisation. A mon retour dans le groupe, en mars 1892, la visite détaillée des îles a été pour moi une révélation. Les colons étaient beaucoup plus nombreux, des débroussés considérables se voyaient de tous côtés; sur le rivage autrefois désert s'échelonnaient des magasins, des maisons; les résultats acquis sont merveilleux. Jusqu'à mon départ en décembre 1893, c'est-à-dire pendant près de deux ans, j'ai suivi jour par jour les travaux des colons, le développement des plantations, l'extension du commerce avec les pays voisins. Il est difficile de se faire une idée de l'énergie et de la ténacité dans l'effort des colons néo-hébridais; cette volonté soutenue, jamais démentie, ce moral excellent, résistant au climat, aux déboires tant des intempéries atmosphériques que des contretemps commerciaux, méritent vraiment d'être signalés. »

Ils méritent mieux : ceux qui depuis de longues années sont volontairement et spontanément à la peine ont droit d'être à l'honneur. Français par l'origine, par le cœur, par les aspirations, qui plus qu'eux peut revendiquer de faire légalement partie de la France?

Charles Simond.

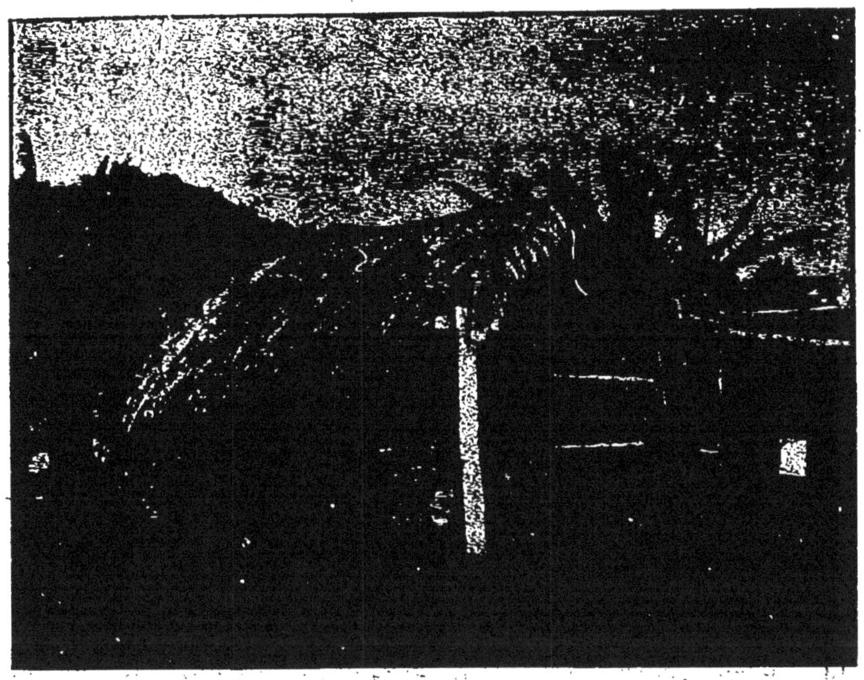

CASE DE COPRAHMAKER.

(Photographie du Dr Jollet.)

LES NOUVELLES-HÉBRIDES (1)

I

LES CANAQUES.

Le colon européen transplanté brusquement aux Nouvelles-Hébrides ne doit pas songer, au moins pendant les premiers mois (2), à travailler lui-même le terrain qui lui a été donné en concession ou qu'il a acheté. Il ne peut que surveiller les travaux de débroussage, donner les indications élémentaires de culture, montrer, par exemple, comment on plante le maïs, comment on le butte, comment on le courbe à l'époque voulue, toutes choses que les Canaques font ensuite mécaniquement, mais que l'on a besoin de leur bien faire pénétrer dans la tête. De même pour le café, les soins d'entretien de la caférie, la cueillette, le séchage et le

(1) La *Colonisation française aux Nouvelles-Hébrides*, par le Dr Ernest DAVILLÉ (Paris, Joseph André et Cie, librairie africaine et coloniale). C'est à cet excellent ouvrage, le plus compétent sur la matière, que nous empruntons, avec l'autorisation de l'éditeur, les pages avec les photographies qui accompagnent le texte.

(2) Et même pendant tout son séjour, à mon avis.

pilonage des fruits; en un mot, il devra faire l'office de contremaître et non de travailleur. Tout colon qui arrive, même s'il est en famille avec des enfants déjà en âge de l'aider à la terre, se trouve ainsi dans l'obligation de se procurer des travailleurs indigènes, et pour cela il doit s'adresser aux recruteurs.

Sans entrer dans de trop longs détails à ce sujet, disons qu'il y a dans l'archipel quelques colons qui, en dehors de la mise en valeur de leurs terrains, ont des côtres ou des goélettes avec lesquels ils font, sous la surveillance des bateaux de guerre, le recrutement des Canaques dans les diverses îles du groupe. Ces Canaques sont mis ensuite, moyennant un prix convenu, à la disposition des autres colons qui n'ont pas, eux, les moyens de recruter, ou qui préfèrent payer plus cher pour ne pas courir les risques de ce métier parfois dangereux.

Actuellement un Canaque — homme, femme, ou garçon adulte — se paye de 200 à 250 francs, et pour cette somme on a un travailleur qui est astreint, d'après l'engagement qu'il contracte en toute connaissance de cause, à servir pendant trois ans chez celui qui l'a engagé; cela moyennant un salaire de 12 à 15 francs par mois, payable en totalité, au terme de l'engagement, soit en argent, soit en marchandises, suivant les conventions faites. Quelques Canaques s'engagent directement sans l'intermédiaire des recruteurs; généralement ce sont ceux qui, après une première période de trois ans, renoncent à leur droit de rapatriement et s'engagent de nouveau soit chez le même colon, soit chez un autre; toutefois ce fait est exceptionnel.

Quant aux Canaques des tribus voisines de l'établissement du planteur, il est rare que l'on puisse les décider à travailler; ils consentent parfois à donner la main pour une cueillette pressée de café, mais en général ils ne restent que quelques jours et exigent un salaire trop élevé.

Que valent ces indigènes comme travailleurs? Que détermine chez eux le contact du blanc? Comment doit-on se conduire avec eux pour en obtenir de bons services?... toutes questions assez délicates, très complexes, et que l'on ne saurait nettement trancher, quand on connaît un peu la main-d'œuvre indigène.

Un voyageur qui avait parcouru — très sommairement sans doute — les Nouvelles-Hébrides écrivait, il y a quelques années, cette phrase au moins remarquable : « Ce qui distingue surtout le Canaque néo-hébridais, c'est son respect absolu de la vérité et du bien d'autrui. »

Un point, c'est tout. Voilà les futurs colons fixés. Ou bien ce voyageur a voulu écrire une plaisanterie, ou bien il n'a jamais vu de Néo-Hébridais qu'en rêve et selon son cœur; il est difficile, en effet, de dire plus exactement le contraire de ce qui est. L'indigène néo-hébridais, d'Anatum à Santo, en passant par Tanna, Vaté,

Mallicolo, Ambrym, Aoba et Pentecôte, est menteur et voleur par nature. Ces deux dispositions premières se développent presque invariablement avec une intensité étonnante dans l'habitation de

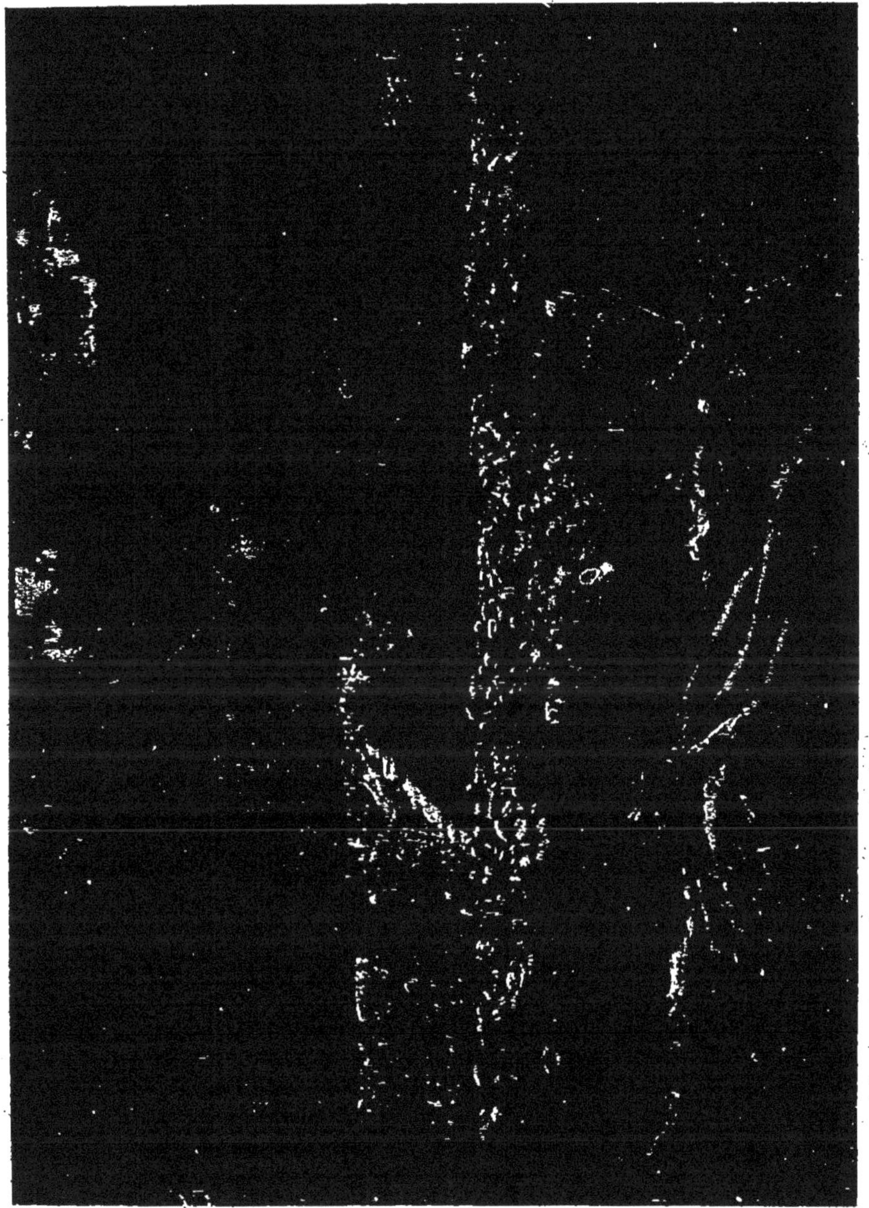

VILLAGE CANAQUE (AMBRYM). — MUR D'ENCEINTE.
(Photographie du Dr Jollet.)

son engagiste, où il voit beaucoup de choses inconnues de lui, qui lui paraissent très attrayantes, et dont la plus insignifiante détermine des tentations auxquelles il ne cherche pas à résister. Il est aussi naturellement cruel; mais ceci est moins à craindre pour le colon chez lequel il travaille; le Canaque, dépaysé, se tient tranquille par peur; il réserve sa cruauté pour le moment de son retour à la tribu. Mais alors il a trois ans à rattraper; gare au blanc qui lui tombe sans défense entre les mains!

Il est, de plus, très paresseux. Si par malheur son engagiste ne le force pas à un travail sérieux, presque pénible, dès le début, c'est une affaire réglée. Le Canaque prend pour de la faiblesse et de la crainte ce qui n'est qu'une répugnance instinctive à recourir aux moyens de répression, et le colon devra devenir d'autant plus dur à son égard qu'il aura mis plus de temps à prendre une nouvelle manière de faire. Il ne s'agit pas évidemment de les maltraiter, de les brutaliser; mais ils se sont engagés pour travailler, et leur travail doit venir en compensation des frais qu'ils représentent. La première mise de fonds est déjà forte; on leur doit les soins médicaux, des gages raisonnables, la nourriture fixée par le règlement, les vêtements; enfin l'engagiste est tenu de les rapatrier quand l'engagement de trois ans est terminé, et qu'ils ne veulent pas le renouveler. Ils représentent donc une valeur, un capital; leur travail en est le revenu. Tout dépendra de la manière d'être de l'engagiste au premier abord; pas de mauvais traitements, mais pas de longanimité mal placée qui serait incomprise, ou plutôt mal comprise.

Les cas sont nombreux de Canaques faisant la mauvaise tête au début et, non contents de ne pas travailler, excitant les autres engagés à les imiter, et qui, entre les mains de colons énergiques, sont devenus de bons travailleurs, quelques-uns même de bons contremaîtres, prenant à cœur les intérêts du patron qui les avait assouplis, et pour lequel ils avaient alors beaucoup de crainte et de respect.

Côté des femmes. Dans leurs tribus, les femmes canaques sont soumises aux travaux les plus pénibles. Chez les blancs, elles sont assez bien traitées, mangeant mieux pour un travail moins pénible. Bien qu'elles puissent parfaitement seconder les hommes sur les plantations, on les y envoie rarement, ou tout au moins on en dresse toujours une ou deux pour le travail de la maison : lavage du linge, repassage (plus difficilement), couture même, préparation de la nourriture des engagés et du colon, soins du poulailler, de la porcherie, de l'écurie, entretien du jardin potager, etc. Somme toute, beaucoup d'entre elles deviennent relativement propres, et finissent par faire d'assez bonnes domestiques, avec du temps et de la patience.

Les métis deviennent de plus en plus nombreux aux Nouvelles-Hébrides, et on ne peut que s'en féliciter. Le croisement de la race blanche avec la race mélanésienne donne un type réputé déjà pour sa force et sa beauté. Élevés dans leur pays d'origine, les métis font de très bons travailleurs, attachés à la terre qu'ils mettent en valeur, et qu'aucun d'eux jusqu'à présent n'éprouve le désir de quitter. Plusieurs sont arrivés par leur travail et leur intelligence à une véritable aisance, et l'on a, dans leur accroissement rapide, un excellent élément de colonisation. Bons cultivateurs, navigateurs entreprenants, commerçants très entendus en affaires, ils constituent de très utiles auxiliaires pour le développement de notre influence. On est bien loin, aux Nouvelles-Hébrides, de leur témoigner le dédain qu'affectent, dit-on, les blancs pour les métis dans certaines colonies. J'en connais, pour ma part, plusieurs établis dans les îles qui sont de très braves gens, et que nous étions tous heureux de considérer comme de vrais compatriotes. Ce ne sont pas les moins désireux d'une annexion française de l'archipel.

***

On a signalé bien des fois la diversité des idiomes en Océanie; il n'est pas rare, en effet, de voir des Canaques d'un même archipel ne pas se comprendre d'île à île, et même de tribu à tribu dans une même île. Aussi est-il assez curieux de voir des indigènes nouvellement recrutés un peu partout arriver chez leur engagiste, ne pouvant se faire entendre de lui, et ne s'entendant pas entre eux. Ce qui n'est pas moins étonnant, c'est la rapidité avec laquelle ils apprennent le patois bizarre qui se répand de plus en plus dans les îles, et que l'on désigne sous le nom de « pitchin english », ou plus communément de bichelamare. C'est une sorte de sabir, composé d'un mélange extraordinaire de locutions françaises, anglaises, amalgamées entre elles et avec quelques mots canaques communs à presque toutes les tribus (1). Les indigènes s'assimilent très vite ce langage baroque, défigurant les mots qu'ils entendent et leur donnant souvent un sens détourné de l'acception première. Ils disent, par exemple : « Me no savè kaikai » pour « Je ne sais pas manger », savoir étant pris ici pour « pouvoir ». — « Me no savè you. — Je ne vous connais pas. »

Quand ils ne peuvent pas donner le nom exact d'un objet ou d'un animal, ils emploient parfois des tournures curieuses. Ils disent, par exemple, pour désigner un agneau : « Piquinini falâ (pour fellow) whose mother belong bêê. — Le petit compagnon dont la mère fait bêê. » J'orthographie exprès les mots de bichelamare en imitant la prononciation. Il va de soi qu'ils n'hésitent pas à fabriquer un mot, une expression, pour arriver à se faire comprendre. Et les gens chez lesquels ils se trouvent sont fréquemment obligés de recourir au même système pour leur faire

(1) Les Indiens de l'Amérique du Nord emploient un patois analogue, connu sous le nom de « chinouk ».

saisir ce qu'ils demandent. Un habitant de là-bas ayant besoin d'une écumoire et ne pouvant se faire comprendre du Canaque qui le servait, finit par lui dire : « You no savé, something all same big fala spound belong trous. — Tu ne sais pas, quelque chose comme une large cuillère avec des trous. » Le Canaque part comme un trait et rapporte triomphalement l'écumoire, très fier d'avoir compris. Peu de jours après, tous les engagés de l'endroit connaissaient cette expression. On voit par conséquent qu'il n'est pas difficile de créer des néologismes dans la langue courante des îles. Cependant beaucoup de colons tiennent avec raison à user le moins possible de ce patois, et font tous leurs efforts pour leur apprendre notre langue ; aussi voit-on de plus en plus, aux Nouvelles-Hébrides comme en Nouvelle-Calédonie, des Canaques qui parlent couramment le français.

*
* *

Tous ceux qui ont parcouru l'archipel des Nouvelles-Hébrides ont pu constater à quel point les indigènes sont réfractaires, encore à l'heure actuelle, à toute idée de progrès et de civilisation. On pourrait croire qu'après avoir passé quelques années chez les blancs, les Canaques chercheraient, de retour à la côte natale, à faire profiter dans une certaine mesure les hommes de leur tribu de ce qu'ils ont vu en Australie ou en Calédonie. Il n'en est rien ; tout au contraire même, le chef de tribu donne généralement quelques jours à l'indigène revenu dans son pays pour reprendre les habitudes de la vie canaque. Il est vraiment curieux de voir avec quelle rapidité s'opère cette transformation à contresens, ce retour complet en arrière. C'est avec délice qu'il retrouve sa hutte enfumée et qu'il reprend ses occupations d'autrefois. Occupations assez minces, qui consistent à travailler pour la pêche pendant quelques jours par mois, et, deux fois par an, pour la mise en terre des semences et la récolte des ignames, en consacrant une semaine environ à la culture et aux fêtes.

Le reste du temps se passe dans l'oisiveté la plus complète, d'autant mieux qu'ils laissent à leurs femmes — lesquelles jouent dans les tribus le rôle de véritables bêtes de somme — tous les travaux pénibles. Quand il se déplace, le guerrier indigène consent à porter ses armes, et c'est tout.

Autrefois, la fabrication de ces armes (arcs, casse-têtes, haches, surtout les flèches et les sagaies) absorbait une partie importante du temps des Canaques, étant donné le soin méticuleux qu'ils mettaient dans l'agencement des pointes d'os, généralement d'origine humaine, dont ils garnissent les extrémités de leurs flèches et de leurs sagaies, en calculant le poids des hampes de façon qu'après pénétration la pointe osseuse se brise et reste dans la plaie. Depuis qu'on leur fournit des armes européennes, ils ont à peu près délaissé ce genre de travail, et s'ils fabriquent encore quelques-unes de leurs anciennes armes, c'est dans l'espoir de les vendre ou de les

TAM-TAMS DE MALLICOLO.
(Photographie du Dr Jollet.)

échanger presque toujours contre du tabac, des bouteilles de gin ou de la poudre. Ils en demandent, du reste, des prix ridicules.

La guerre, — de tribu à tribu, entre gens de la côte et gens de l'intérieur, — voilà leur grande occupation. Quoi qu'on en ait dit sur la transmission héréditaire du pouvoir des chefs, si le fait est exact dans quelques endroits, la plupart du temps le pouvoir est entre les mains de guerriers ayant acquis une grande renommée dans ces petites guerres incessantes dont le motif est à peu près invariablement le même : incursion et vol dans une tribu voisine, ou enlèvement d'une femme par les Canaques étrangers.

Le tempérament belliqueux n'est pas le même dans toutes les îles; les indigènes de Santo et ceux de Tanna sont réputés comme les plus batailleurs de l'archipel. Tout au contraire, ceux de l'île Vaté, depuis que cette île est devenue le centre de la colonisation, et ceux d'Aoba, sans doute par suite du mélange des races, sont à peu près tranquilles. Mais partout ils ont besoin, pour se décider à la bataille, de faire de part et d'autre de longs discours et de se livrer à un véritable entraînement. Ils passent des heures entières à pousser des hurlements féroces, après s'être couvert le corps et la face de couleurs violemment tranchées, — rouge, bleu et noir, — afin de se donner l'air terrible, et complètent leur grande tenue de bataille en se plaçant sur la tête des masques de guerre grossièrement emplumés, taillés et ornementés, et toujours colorés en rouge et en bleu.

Cette manière de se peindre vient compléter les tatouages qui tiennent une grande place dans les sacrifices faits par les Canaques à la coquetterie.

Ils se couvrent aussi les épaules et le devant de la poitrine de cicatrices en relief, se percent la cloison du nez et les lobes des oreilles. Leurs vêtements étant très succincts, ils se servent du trou ainsi fait dans le lobe de l'oreille pour y passer le tuyau de leur pipe; le tabac en lamelles est à poste fixe sur l'oreille même; quant aux allumettes, quand ils peuvent s'en procurer, ils les mettent à l'abri de l'humidité en les enfonçant dans leur chevelure.

Les Canaques aiment beaucoup la parure. S'ils se servent maintenant des objets que leur cèdent les bateaux de passage, ils n'étaient pas autrefois dépourvus d'ornements venant de leur propre industrie. Les coquillages, les plumes de divers oiseaux étaient très recherchés; mais ils prisent par-dessus tout les défenses de cochon, qui, par suite de la disparition des dents correspondantes de la mâchoire supérieure, et au moyen d'un massage répété de la mâchoire inférieure, sont détournées de leur direction naturelle, et, ne rencontrant pas d'obstacles, se développent librement; elles sont d'autant plus estimées qu'elles sont plus volumineuses et affectent mieux la forme circulaire. Les Canaques en font des bracelets, des colliers, et le respect individuel s'accroît en proportion directe du nombre de ces objets.

Les indigènes s'en parent pour leur fêtes ou *Sin-sin*, analogues au *Pilou-pilou* des Calédoniens, ou à la *tapriata* des Marquisiens. Des coups redoublés frappés sur les *tam-tams* appellent les indigènes aux réjouissances. A peu près toutes les tribus ont leurs tam-tams; les plus curieux sont ceux des Canaques de Mallicolo, très colorés, et ceux de Mélé, dans l'île Vaté, mieux travaillés. C'est à tort que l'on avait pris ces tam-tams, énormes cylindres de bois creux surmontés de figures grossièrement taillées, pour des idoles auxquelles les Canaques rendaient un culte. Les Néo-Hébridais n'ont aucune idée religieuse; ils craignent le diable, ils ont peur de la nuit; il est rare de voir un Canaque hors de sa case après le coucher du soleil (1).

Quant à l'institution du tabou, elle m'a toujours paru être une arme très utile entre les mains des chefs ou des sorciers pour mener à bien leur projets au mieux de leurs intérêts (2).

La mise à l'eau d'une pirogue, la récolte des ignames, ou le résultat heureux d'un combat avec une tribu voisine, tels sont les principaux motifs des *Sin-sin*, de ces fêtes hurlantes qui prennent fin, non quand les provisions liquides ou solides sont achevées, ce qui est assez rapide, mais quand les Canaques sont incapables de crier et de danser, ce qui est beaucoup plus long. Ces fêtes ne vont pas sans l'immolation d'un grand nombre d'animaux de toutes sortes, les porcs principalement, et sans la mise à mort de quelques êtres humains, un au moins.

On a prétendu à tort que les Canaques n'étaient anthropophages que par besoin, et que la disette seule les amenait à cette abominable pratique. Le Néo-Hébridais (3) tue pour le plaisir de tuer; on pourrait presque dire par gourmandise.

La vengeance personnelle joue cependant un rôle dans ces immolations humaines, soit qu'il s'agisse d'un Canaque dont le chef de la tribu veut se débarrasser, soit qu'il s'agisse d'un colon blanc établi dans le voisinage. Au cours du *Sin-sin*, le sorcier, d'accord avec le chef, prend un air inspiré et, après mille contorsions, désigne brusquement un guerrier. L'homme est condamné. Cependant il peut racheter sa vie en donnant celle du blanc le plus voisin; toute la tribu l'aide alors dans son entreprise. Quelques Canaques arrivent à la maison du colon et lui présentent un objet à acheter, généralement un porc ficelé sur un bâton et que l'on jette à terre. Le colon se baisse pour voir si l'animal est en bon état, et pendant qu'il est penché, un des Canaques l'assomme d'un coup

(1) Il ne faudrait pas faire de cette indication une règle absolue. C'est généralement pour aller jouer entre eux la nuit que les Canaques engagés surmontent leur peur des ténèbres. Ils sont, en effet, très joueurs et depuis quelques années cultivent le poker, qui leur a été appris par des engagés revenant d'Honolulu.

(2) Le tabou est la mise à l'index d'un objet ou d'une personne qui deviennent interdits au contact, sous peine de malédiction. Il correspond à une sorte d'excommunication qui frappe non seulement les êtres vivants, mais les choses inanimées. (C. S.)

(3) A rapprocher de ce qui se passe dans la peuplade des Niams-Niams, dont le cri de guerre est : « De la viande! de la viande! » et qui pratiquent le cannibalisme par raffinement, dans des contrées giboyeuses. (Docteur A. Nicolas.)

de casse-tête. Jamais un indigène ne frappera en face un blanc, même isolé, même sans arme. Il est dans leur nature d'agir traîtreusement; dans la longue liste des malheureux tués aux Nou-

TOUFFE DE BAMBOUS ET GROUPE INDIGÈNE (AMBRYM).

(Photographie du Dr Jollet.)

velles-Hébrides, on ne constate que des meurtres par surprise, et dont les auteurs sont malheureusement restés trop souvent impunis.

Si ces motifs d'assassinat sont les plus communs, ce ne sont pas les seuls, et le désir de posséder un objet vu y est pour beaucoup. Il s'agira fréquemment d'une chose insignifiante, une courroie à

MASQUE DE GUERRE (MALLICOLO).
(Photographie du Dr Jollet.)

boucle de cuivre, une bouteille de gin, un bouton doré, quelquefois un fusil.

Ces actes, désolants en eux-mêmes et par leur fréquence, le sont encore peut-être davantage en ce que les Canaques s'en entretiennent ensuite comme de hauts faits dont ils se font gloire, affichant le plus profond dédain pour des représailles possibles, et bien décidés, dès que paraîtra à l'horizon la silhouette d'un bateau de guerre, à gagner l'intérieur des terres, où ils sont à peu près inattaquables.

S'il est vrai, comme je l'ai dit plus haut, que les Canaques ne sont pas redoutables pour une agglomération de colons vivant bien groupés et pouvant aisément se prêter main-forte, il n'en saurait être de même pour les colons isolés ; je ne parle pas seulement des coprahmakers, qui courent les risques de cette vie étrange, sachant parfaitement à quoi ils s'exposent, et qui peu à peu prennent trop facilement l'habitude de noyer les ennuis de la solitude et leurs craintes en même temps dans de nombreux verres de gin ; je pense aussi à certains colons — il s'en trouve toujours dans le nombre — qui, par tournure misanthropique, quelquefois, mais plus souvent par désir de gagner davantage en étant seuls à exploiter une région, ont l'idée d'aller tenter fortune à l'écart, comme Briault à Aoré, ou Sireguey aux Maskelynes.

Les colons doivent avoir, vis-à-vis des Canaques leurs voisins, une attitude toute particulière, et toujours la même. S'ils brutalisent les Canaques sans motifs, ils se créent des inimitiés sérieuses, et tôt ou tard ils payent leur brutalité. Les Canaques assassinent trop facilement des gens inoffensifs à qui ils n'ont rien à reprocher pour ne pas chercher, avec un semblant de raison, à assouvir leur haine des blancs en même temps qu'une rancune particulière dès qu'ils peuvent en trouver l'occasion.

Brutaliser les Canaques est une faute. Les admettre familièrement dans son intimité chez soi en est une plus grande, parce que le colon qui aurait adopté cette seconde manière de faire aurait forcément, dans la suite, à changer d'attitude pour résister à l'importunité de ses noirs amis, lesquels, quoi qu'en aient dit certains voyageurs, sont les plus remarquables voleurs qui soient.

***

Plusieurs personnes m'ont affirmé avoir lu dans de récents récits que les faits d'anthropophagie reprochés aux Néo-Hébridais étaient absolument fantaisistes. Les auteurs de ces articles pourraient prendre place à côté de l'aimable journaliste dont parle mon ami Hagen, lequel journaliste traitait de fables grossières les faits de piraterie dont se rendaient coupables les anciens recruteurs.

Je n'ai pas lu les récits en question, mais j'ai sous les yeux un article du *Sydney Mail* qui a le tort de généraliser certains détails spéciaux à l'île Vaté :

« Il serait en vérité difficile à un étranger se promenant aujourd'hui à Vaté de penser qu'il y a quelques années seulement, tout le pays environnant était habité par une race de sauvages, cannibales invétérés, mangeant souvent les marins naufragés, aussi bien du reste que leurs propres frères tués dans les guerres de tribu à tribu. Maintenant tout cela est changé, dans l'île Vaté et *dans beaucoup d'autres îles*. L'enseignement chrétien a éclairé leurs esprits en même temps qu'un commerce honnête rend les naturels industrieux, se respectant eux-mêmes et respectant autrui. »

Tant qu'il s'agit de Vaté, c'est exact. Quant aux autres îles, il suffira de dire que, dans le courant du mois de septembre 1892, dix-sept Canaques ont été mangés dans la seule tribu de Vao, petite île sur la côte est de Mallicolo.

J'ai souvent entendu dire que, dans certaines îles, l'empoisonnement était en honneur. Les fruits, les bananes principalement, serviraient de véhicule à la substance vénéneuse sur la nature de laquelle je n'ai jamais pu avoir de renseignement précis. Pour les uns, ce serait un poison minéral, semblable comme aspect extérieur à de la plombagine; selon d'autres, ce serait un poison végétal composé avec diverses plantes, entre autres certaines euphorbiacées. Cette coutume serait surtout en honneur à Api.

Bien qu'il n'y ait rien de précis à ce sujet, c'est toujours une indication à retenir.

II

LES COLONS.

Un colon arrive aux Nouvelles-Hébrides; que doit-il faire après s'être muni de tous les renseignements nécessaires que le ministère des colonies tiendra certainement à la disposition des personnes désirant émigrer, pour éviter des déboires et de cruelles désillusions à des gens naturellement disposés à voir tout en beau au moment de leur départ, et n'ayant pour se guider que les indications puisées à une source officielle? Une fois mis en possession provisoire d'une concession que lui a donnée la Compagnie de colonisation ou que lui cède à certaines conditions la Compagnie française des Nouvelles-Hébrides, le colon doit avoir, dès le début, deux préoccupations principales : se mettre en état de pourvoir à sa propre subsistance, — nous le supposons sans argent, ce qui est malheureusement très fréquent, — et en second lieu prendre le plus rapidement possible les mesures nécessaires pour assurer son bien-être de plus tard, commencer de suite certaines cultures à long terme afin de s'assurer dans l'avenir de véritables rentes avec sa terre. Je laisse de côté pour le moment la question d'habitation.

Pourvoir, avons-nous dit, dès le début à sa subsistance, gagner assez d'argent dès les premiers mois pour payer son entretien. Une culture entre toutes répond à ce but : celle du maïs. Le prix n'est pas évidemment très élevé; mais la vente est assurée, le travail d'entretien facile, la récolte et l'égrenage des plus simples; c'est donc, à mon avis, la culture d'attente par excellence aux Nouvelles-Hébrides.

Le voisinage de la Nouvelle-Calédonie explique la certitude de la vente. La consommation du maïs est considérable sur le marché calédonien; les négociants de Nouméa doivent souvent s'adresser aux fournisseurs australiens, et je fais remarquer en passant que le maïs des Nouvelles-Hébrides est supérieur comme qualité au maïs australien, en petits épis, à grains rouges, de forme allongée. Les vallées de Calédonie — La Foa, Bourail, Diahot, pour ne citer que les plus importantes — sont certes d'une grande fertilité, mais elles présentent le grave inconvénient d'être inondées avec une trop grande fréquence pour que la place de Nouméa puisse compter avec certitude sur sa fourniture régulière de maïs. Sans exagération aucune, on peut compter, en moyenne, une récolte perdue sur quatre.

Un autre ennemi, la sécheresse, — qui, du reste, sévit parfois si terriblement en Australie, — est encore inconnu, jusqu'à présent du moins et dans de telles proportions, aux Nouvelles-Hébrides. On signale bien par hasard quelques semaines de fortes chaleurs sèches, et encore dans une île, rarement dans plusieurs; cela n'est en rien semblable aux sécheresses australiennes, dont la durée se chiffre par des saisons entières. La Nouvelle-Calédonie, sans être aussi éprouvée, n'en a pas moins eu fréquemment à souffrir du manque d'eau; et depuis douze ans que je vais dans ces contrées, j'ai vu parfois des sécheresses très graves (1).

Je le répète, pareille chose est encore inconnue aux Nouvelles-Hébrides. Si je n'ai pas parlé des coups de vent, des grains, des cyclones qui peuvent détruire les récoltes australiennes et calédoniennes, c'est qu'à ce point de vue le danger est le même dans les îles de l'archipel néo-hébridais. C'est évidemment une éventualité très grave et dont il faut tenir compte, tout en ne perdant pas de vue que les cultivateurs sont soumis partout aux mêmes ennuis; les fermiers français, dont les récoltes et les vendanges sont souvent détruites par des ouragans de grêle, ne sont pas plus heureux que les colons des Nouvelles-Hébrides.

Il n'existe pas là-bas d'autre grand sujet d'appréhension pour les cultures; les tremblements de terre, très fréquents, ont été

(1) En décembre 1886, l'herbe était complètement rôtie; les cours d'eau de moyenne importance étaient taris; le bétail crevait de tous côtés. La gendarmerie faisait sans cesse des tournées pour veiller à ce que les cadavres des bœufs fussent bien exactement brûlés. Cette sécheresse n'a pris fin qu'en 1887. A la même époque, les moutons mouraient par milliers en Australie.

jusqu'à présent inoffensifs, et il en sera probablement ainsi tant que l'ensemble volcanique du groupe se maintiendra. Les séries pluvieuses, d'une durée de trois à quatre semaines, rarement plus, ne sauraient être de grande importance, étant donnée la nature du

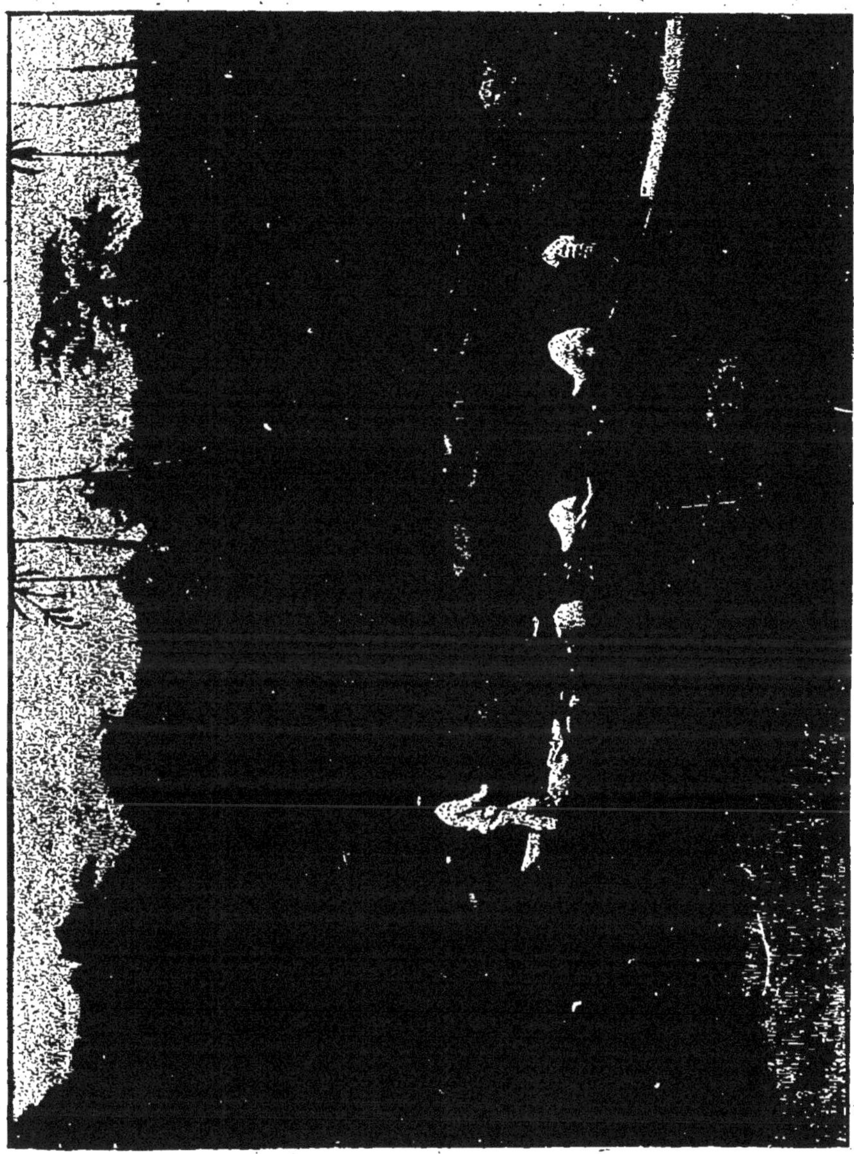

BALEINIÈRES (TANNA).

(Photographie du Dr Jollet.

sous-sol que l'on trouve à peu près partout; les caféiers n'ont pas de parasite dans le genre de celui qui abîme actuellement les caféries de Ceylan; les cocotiers sont d'une venue admirable; le maïs est indemne et ne demande que des précautions élémentaires pour sa pousse et sa conservation en grains; les bananiers ne sont pas atteints de la maladie qui ruine les bananeries des iles Fidji. Enfin les sauterelles qui désolent la Nouvelle-Calédonie, dont les principales cultures — maïs et canne à sucre en tête — sont perdues depuis plusieurs années, sont encore inconnues aux Nouvelles-Hébrides; cette dernière considération vient à l'appui du conseil que je donnais plus haut de planter de suite du maïs pour en faire la première culture d'attente.

Avec trois Canaques, qu'il dirige lui-même, un colon peut défricher 4 hectares en cinq mois; les difficultés du « débroussage » changent évidemment avec les endroits; très réelles par moments, elles sont presque supprimées quand on arrive aux « terrains à ignames » des Canaques, terrains dont la valeur arable est de plus très grande. Il est donc facile de planter à mesure par quart d'hectare, de sorte que, lorsque le quatrième hectare est débroussé et ensemencé, le premier est en rapport.

En terrain moyen, l'hectare donne de 3 à 3 1/2 tonnes de maïs, cela au bout de quatre à cinq mois; c'est-à-dire que l'on peut faire deux ou trois récoltes par an; mettons, pour mieux dire, cinq en deux ans. Le prix, non pas moyen, mais plutôt minimum du maïs est de 120 francs, soit 360 francs assurés au bout de cinq mois; mais dans le mois qui suit, le deuxième hectare donne à son tour, puis le troisième, et ainsi de suite; il faut avoir soin de toujours réserver une partie du maïs récolté pour l'ensemencement des nouveaux terrains débroussés et pour recommencer sur les premiers hectares, bientôt libres de leurs récoltes.

Évidemment la somme ainsi gagnée n'est pas considérable; mais elle permet au colon, s'il est arrivé sans argent d'avance, de solder une partie du compte ouvert à crédit chez le négociant du voisinage, ou bien, s'il avait un pécule de réserve, de l'augmenter, ou tout au moins de boucher les trous du premier emprunt.

Pendant que le maïs lui permet ainsi de vivre à peu près, le colon fait avancer le débroussage; aussi peut-il rapidement penser aux cultures de fond, qui lui constitueront plus tard de véritables rentes, et dont il peut attendre le premier rapport en se contentant de son maïs et de quelques produits accessoires. Ses heures de loisir sont occupées à s'installer peu à peu confortablement, chose essentielle dans ces pays de chaleur et de fatigue; il crée un jardin potager pour avoir une nourriture plus saine, plus abondante et plus variée; il fait fructifier un poulailler par des couvées successives, il achète des porcs qui se développent presque sans soins, et qu'il pourra plus tard revendre aux Canaques, qui en sont très friands et les payent fort cher, ou encore qu'il pourra garder pour la graisse, pour faire du salé; il se procurera quelques chèvres, si utiles par leur lait, leur crème, les fromages, et aussi par la viande tendre et assez savoureuse des chevreaux qu'elles donnent.

*
* *

Voyons maintenant les cultures de fond, c'est-à-dire celles qui doivent assurer les revenus réguliers de la plantation, après un certain laps de temps. On peut les examiner par ordre d'importance, c'est-à-dire d'après la facilité de culture, le terme du premier rendement, la durée de ce rendement, sa valeur, les soins nécessités par l'ensemencement et l'entretien, toutes choses qui varient notablement suivant la culture entreprise. Or, à tous ces différents points de vue, — facilité de planter, d'entretenir, de cultiver, longue durée du rapport, valeur réelle à obtenir annuellement — à tous ces points de vue, dis-je, sauf un (terme du premier rendement), la culture la plus pratique, la plus importante, est incontestablement celle du cocotier.

Le cocotier est la plus grande richesse de beaucoup d'îles de l'Océanie, et il est à croire qu'il en sera ainsi longtemps encore. Cet arbre est trop connu et a été décrit trop de fois pour qu'il soit nécessaire de donner ici le détail de ses caractères botaniques; ce qu'il faut surtout dire, c'est l'incroyable utilité du cocotier, si élégant d'allures, surtout de la cinquième à la dixième année, si décoratif avec ses grandes feuilles finement découpées, éternellement vertes; utile par la fraîcheur de son ombre, par l'eau que contiennent ses fruits, — dans quelques îles, c'est la seule eau potable, — par son bois, très employé dans les constructions, enfin et surtout par son fruit, par la noix de coco, dont la bourre est employée pour faire des tissus compacts au sujet desquels de récentes expériences ont été faites, dont la coque peut être utilisée comme combustible (1), dont l'amande fraîche constitue pour les indigènes (2) une bonne nourriture, de goût très fin, et, séchée soit au soleil, soit à l'étuve, donne le coprah.

La culture du cocotier exige-t-elle des soins particuliers? Non. Observer la distance voulue entre les différents pieds, afin que chacun ait sa bonne part de terre nourricière, voilà l'essentiel.

Il est même préférable de mettre au début deux cocotiers dans l'espace réservé à un seul, les planter par conséquent à deux mètres cinquante les uns des autres au lieu de cinq mètres, distance normale. Il faut, en effet, prévoir que quelques pieds ne pousseront pas ou pousseront mal, de sorte que les supplémentaires compenseront les manquants; mais, si tous les plants viennent bien, ne pas hésiter à sacrifier un pied sur deux pour éviter les cocotiers rabougris, devant être, par suite, d'un mauvais rendement.

(1) Le vapeur *Nouméa*, manquant de charbon, s'est rendu d'Api à Mallicolo (31 mars 1892) en brûlant des fragments de coques sèches de noix de coco.

(2) Et, à défaut, pour les porcs qui en sont très friands; cette nourriture associée à quelques poignées de maïs passe pour les engraisser rapidement.

On compte généralement quatre cents cocotiers par hectare, une fois faites les suppressions résultant de la semence en double. L'époque du premier rendement est malheureusement un peu lointaine, de cinq à huit ans. Cela dépend évidemment de la nature des divers terrains. Si cette époque varie, le chiffre du rendement est unanimement déclaré par les colons comme étant, tous frais payés, de 2 francs de revenu net par an. Ainsi, en comptant, comme nous le disions tout à l'heure, quatre cents cocotiers à l'hectare et en admettant que le colon plante au moins dix hectares en cocotiers, — il a tout intérêt à le faire, — il s'assure une rente annuelle, au bout de huit ans, de 8,000 francs au minimum. Pendant ces huit années d'attente, le terrain pris par les cocotiers n'est pas improductif; nous retombons encore sur le maïs, qui, malgré la pousse des cocotiers, n'en donnera pas moins, pendant les quatre premières années, un rendement à peine inférieur à celui que nous avons déjà indiqué; dans les quatres années suivantes, il donnerait encore suffisamment, mais il est préférable, à mon avis, de le remplacer à cette époque, ne serait-ce que pour améliorer le terrain, par une autre culture, les haricots ou, de préférence, le gingembre. La culture des haricots ne me paraît pas très pratique pour les colons des Nouvelles-Hébrides, pour des raisons dépendant du rapport des cultures, mais que nous n'examinerons pas ici; le gingembre, au contraire, peut devenir une production de bonne exportation; les Australiens en font une grande consommation; cette plante pousse toute seule, n'a besoin d'aucun soin particulier, et peut donner dès maintenant un prix rémunérateur. C'est un pis aller, il est vrai, mais de certaine importance (1).

La noix, avons-nous dit, est la plus importante partie du cocotier; c'est elle qui fournit l'huile de coco et le coprah.

On ne fabrique pas encore d'huile de coco aux Nouvelles-Hébrides, aucune installation n'ayant été faite dans ce but. La fabrication du coprah a été souvent décrite; aussi me contenterai-je d'en donner les phases principales : la noix étant fendue en deux parties, l'amande se détache peu à peu à mesure qu'elle sèche sous l'action du soleil. Elle se contracte en se détachant, laissant la coque libre; quand elle est bien sèche, on la fragmente et on procède à la mise en sacs. A Taïti et aux îles Sous le Vent, on en fait des chapelets. Aux Nouvelles-Hébrides, où le soleil est d'humeur très variable, — dans quelques îles même, comme Santo, la pluie est la règle, les beaux jours de soleil franc sont exceptionnels (2), — plusieurs colons ont fait construire des

(1) Les Australiens ont demandé à plusieurs reprises si les planteurs des Nouvelles-Hébrides ne pourraient pas leur fournir le gingembre nécessaire à la fabrication du ginger-wine, du ginger-ale, du ginger-beer, des biscuits au gingembre, etc. Le prix offert aurait été de 1 franc par kilo.

(2) A Luganville, station du canal du Segond, dans l'île Espiritu-Santo, du 1er septembre au 1er décembre 1892, il y a eu huit jours (exactement) de soleil franc.

« smoke-house » (littéralement « maison fumée ») où l'on fait sécher artificiellement le coprah; c'est évidemment une grande

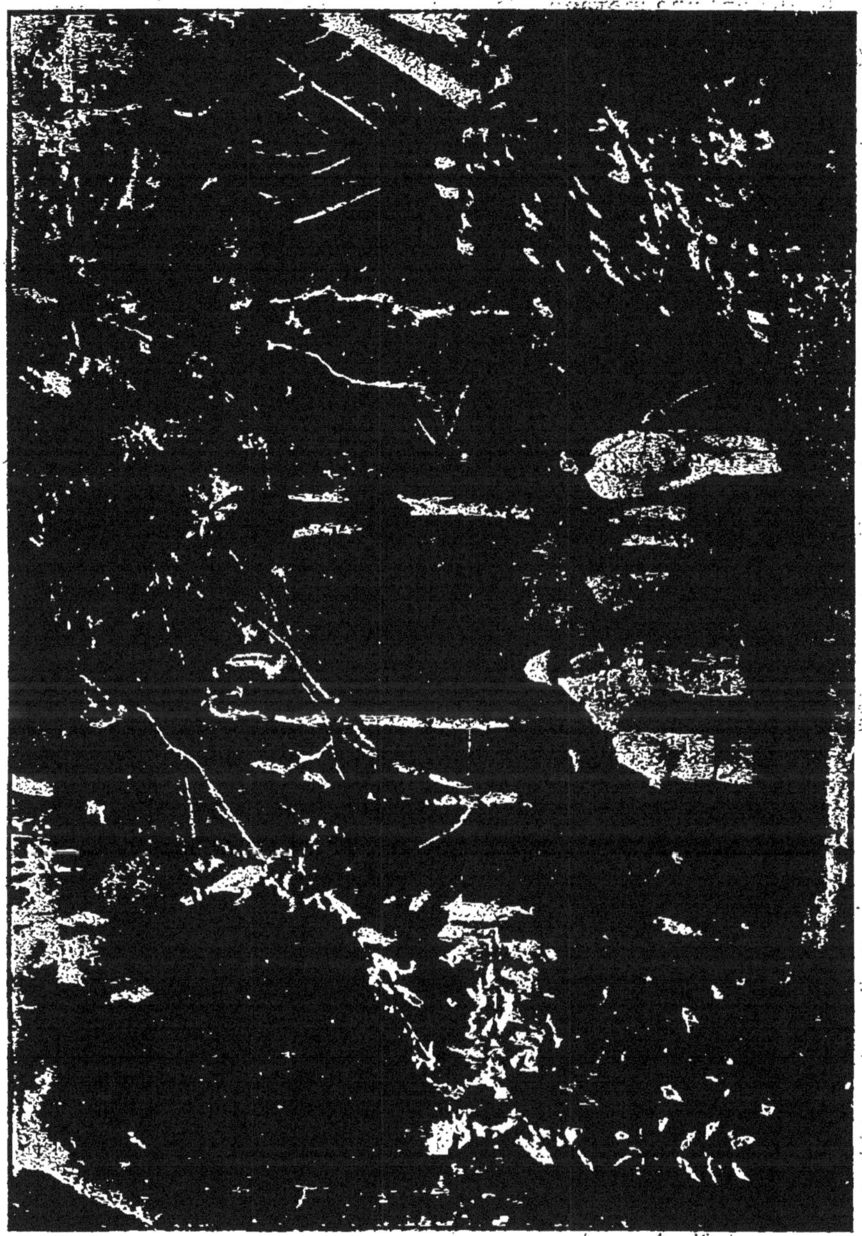

CAFÉRIE DE LA SOCIÉTÉ FRANÇAISE. — PORT-SANDWICH (MALLICOLO).
(Photographie du Dr Jollet.)

économie de temps et une certitude plus sérieuse pour la régularité des livraisons; mais les acheteurs préfèrent le coprah séché au soleil, comme étant plus blanc et se vendant mieux.

Quelques chiffres pour terminer ce qui concerne ce produit; un cocotier, aux Nouvelles-Hébrides, donne par an — en prenant une moyenne sur 10,000 pieds — de 250 à 300 fruits, lorsqu'il est en plein rapport, c'est-à-dire de 25 à 30 kilos au moins de coprah, puisqu'il faut une moyenne de 10 noix pour faire un kilogramme de coprah marchand (1).

Bien qu'il se paye actuellement incontestablement moins cher qu'il y a dix ans, la forte baisse qu'avait subie le coprah — surtout dans ces trois années, par surabondance de production coïncidant avec un arrêt marqué des débouchés — n'a été que passagère, et le marché de Sydney est revenu (décembre 1893) au prix raisonnable de 10 livres sterling (250 francs) la tonne. Naturellement le colon ne peut pas prétendre à ce prix, à moins qu'il ne soit propriétaire d'un bateau pouvant transporter directement sa marchandise au marché de la grande ville. Il est obligé de se servir d'intermédiaires qui viennent prendre son coprah chez lui à époques fixes, lui donnant (c'est la coutume du pays), en plus du prix, autant de sacs vides qu'ils en prennent de pleins, et lui payant au moins 15 francs les cent kilos, soit 150 francs la tonne.

Une parenthèse : tout n'est pas payé argent comptant. En effet, les colons isolés dans les îles, et les coprah makers, installés presque invariablement auprès des tribus canaques, prennent tout ou partie des marchandises qui leur sont nécessaires pour eux-mêmes ou comme articles de traite, sur les bateaux qui viennent charger leur coprah. Le prix de ces marchandises est naturellement déduit séance tenante de la somme à toucher. Il n'y a là aucune obligation. Mais si l'armateur du bateau y trouve son bénéfice, puisqu'il touche en plus ce qu'il gagne sur les marchandises cédées, c'est, d'autre part, un ennui de moins pour le colon, qui, du reste, payerait ailleurs aussi cher qu'à bord du bateau, sans compter les difficultés d'approvisionnement.

Les producteurs n'ont donc pas à s'occuper du fret, ni des risques que peut courir leur produit, et c'est sur ce chiffre de 150 francs qu'ils peuvent tabler pour compter leurs bénéfices. Ce prix de 15 centimes le kilo est bon; nous avons dit 30 kilos de coprah pour un cocotier, soit 4 fr. 50 de rapport; en laissant 2 fr. 50 pour les frais : dépenses personnelles, entretien, temps et achat des engagés, intérêt du capital qu'ils représentent, — et c'est largement compté, — nous revenons à notre premier chiffre de 2 francs pour un pied de cocotier à partir du jour où il est en plein rapport. C'est une rente de 2 francs assurée, et pour longtemps, car, en dehors des cyclones, des cataclysmes, etc., et sans assigner, comme certains le veulent, une durée extraordinaire au cocotier, on peut compter sur un rapport de soixante à quatre-vingts ans.

(1) Ce chiffre est variable. En Nouvelle-Calédonie, on compte 12 noix pour 1 kilo de coprah; dans l'île Vaté, le chiffre moyen est 10. A Ambrym, il n'en faut que 8 et même 7.

— Des personnes dignes de foi m'ont affirmé qu'à la Réunion, on connaissait nombre de cocotiers ayant leur siècle d'âge et fournissant encore deux et trois cents fruits par an.

***

La culture du café n'est pas aussi simple. Il faut ici observer des règles plus fixes, entourer les plants nouveaux de soins plus minutieux, entretenir une propreté scrupuleuse dans les caféries, nettoyer un à un tous les caféiers, se conformer aux prescriptions de l'expérience en ce qui concerne les distances à observer, choisir plus soigneusement le terrain, et le garnir de telle ou telle variété d'autres arbres destinés à maintenir l'ombre et la fraîcheur, tout au moins à tempérer l'action des rayons solaires. Tous ces inconvénients sont compensés par des avantages : rapport plus rapide et, — ce qui n'est pas à dédaigner, — possibilité de placer cinq à six fois plus de caféiers que de cocotiers dans un même espace de terrain.

Un caféier commence à donner des fruits au bout de trois ans; à cinq ans il est en plein rapport et pour une durée certaine de vingt à vingt-cinq ans. C'est donc avec raison qu'il faut compter le café parmi les cultures devant assurer plus tard des rentes régulières. Le café des Nouvelles-Hébrides est petit et ne présente pas le bel aspect du Ceylan, du Bourbon ou du Moka; cependant il est de goût très agréable et d'arome très fin. Quand les producteurs le vendent sur place aux Nouvelles-Hébrides, il leur est payé à raison de 2 francs le kilogramme. Un caféier de cinq ans donne 500 gr. de café prêt à être mis en sac; c'est donc un rapport annuel de 1 franc. En déduisant pour les frais accessoires, — comme nous l'avons fait précédemment pour le cocotier, — la moitié de ce rapport, il reste encore 50 centimes de bénéfice net par pied, soit 1,000 fr. par hectare, 10,000 francs pour les 10 hectares qu'il est bien de réserver à cette culture. Il n'est donc pas étonnant de voir tous les colons planter, dès leur arrivée, des caféiers et les entretenir avec un soin minutieux. Le débit étant toujours assuré, ils augmentent d'année en année l'étendue de leurs caféries. Actuellement il y a dans l'île Vaté une magnifique plantation, à Port-Vila, de 120,000 pieds de café, tous en plein rapport. Sous la direction d'un planteur de grande compétence et de rare énergie, M. Adam de Villiers, cette caférie donne chaque année de superbes résultats et peut être citée comme un modèle.

***

Il existe aux Nouvelles-Hébrides un arbre au sujet duquel des expériences très intéressantes ont été faites, et qui, dans un avenir peut-être très rapproché, contribuera puissamment à accroître la prospérité du groupe. Je veux parler du banian.

Ce géant des forêts tropicales est très répandu aux Nouvelles-Hébrides, dépassant de son dôme colossal tous les autres arbres de la brousse. Avec ses nombreuses racines adventices retombant des branches pour former à leur tour des piliers secondaires, avec son tronc très large et d'une grande hauteur, il remplit et couvre de son ombrage un large espace de terrain, faisant disparaître, étouffant littéralement dans un rayon important tout autre végétation.

Le banian (*Ficus prolixa*) appartient à la famille des *Urticées*, qui, avec les *Euphorbaciées* et les *Apocynées*, constitue le groupe des végétaux producteurs de caoutchouc. Il est bon cependant de faire remarquer que, par la quantité et la qualité du produit obtenu, ce sont les Euphorbiacées qui tiennent le premier rang.

Le suc laiteux du banian contient une substance élastique de très bonne qualité. Le procédé d'extraction est des plus simples et nécessite un matériel peu important; il est connu au Brésil sous le nom de « tigelhinas » littéralement « petits pots ». Il faut, pour opérer, une gouttière conique allongée, en forme de prisme évidé, à arête inférieure terminée d'un côté par une lame coupante, et de l'autre par un crochet. La lame sert à faire l'incision, de 8 à 10 centimètres de longueur, dans toute l'épaisseur de l'écorce; la gouttière reste fixée dans la partie inférieure de l'incision, reçoit le suc, qui suit la cannelure pour arriver à l'autre extrémité, au crochet de laquelle est suspendu un petit gobelet en fer-blanc, de forme conique et d'une contenance de 10 à 15 centilitres. Il est facile à l'ouvrier de placer ses gobelets le matin au réveil, pour revenir, trois ou quatre heures après, les vider dans une gourde, ou mieux dans un bidon en fer-blanc, et les remettre en place.

Au lieu d'expédier le « lait » tel quel, le colon qui voudrait tenter l'expérience aurait tout intérêt à faire lui-même la préparation première du caoutchouc, ce qui n'est pas très compliqué. Une simple palette de bois, — une sorte de battoir à laver le linge, — mais à bords tranchants, et un feu de bois ordinaire, à défaut de soleil, qui cependant est préférable pour la qualité du produit, sinon pour la rapidité de l'opération. La plaque de bois est trempée dans le récipient qui contient le suc de banian récolté la veille. On la retire rapidement pour la présenter à la fumée du feu de bois. Après évaporation, ce qui est vite fait, une mince pellicule de caoutchouc se dépose sur la palette; on la retrempe dans le suc, et ainsi de suite, jusqu'à ce que l'on ait de chaque côté une épaisseur de substance solide d'un centimètre environ. D'un coup sec frappé sur un corps dur avec le bord tranchant de la palette, on sépare le caoutchouc en deux plaques destinées à être expédiées en Australie, ou en Europe, pour être rendues propres aux besoins de l'industrie.

Avant l'expédition, il est nécessaire de bien exposer les plaques au soleil, pour que l'évaporation des particules aqueuses soit aussi complète que possible; le colon fera bien de prendre ses précau-

FERME FRANÇAISE A TUKUTUK (VATÉ).
(Photographie du Dr Jollet.)

tions contre l'humidité (1), qui déterminerait fatalement une fermentation par suite de laquelle le produit serait perdu.

(1) Il serait difficile, aux Nouvelles-Hébrides, plus encore qu'en Calédonie, de distinguer une saison sèche et une saison pluvieuse. Plus rationnelle est la division en saison fraîche (mai à octobre), et saison chaude (novembre à avril).

*
* *

La culture des bananes présente actuellement pour les Nouvelles-Hébrides l'importance qu'elle avait, il y a peu de temps encore, pour les îles Fidji, dont elle a fait la fortune (1). Le bananier ne peut être cultivé dans le New-South-Wales, dans l'État de Victoria, dans le South-Australia, pas plus qu'en Nouvelle-Zélande; climat trop froid, latitude trop basse. D'autre part, les Australiens sont de grands consommateurs de bananes, et ces fruits jouissent d'une grande faveur. Les régimes fournis par le Queensland et par le nord de l'Australie étant peu abondants et de qualité inférieure, les planteurs fidjiens ont tenté cette exploitation pour la fourniture des États australiens dont Sydney, Melbourne et Adélaïde sont les capitales. Cette culture prit rapidement une telle extension qu'une compagnie anglaise, Australian Union Steam Navigation Company, créa un service spécial à vapeur pour aller chercher ces fruits, deux fois par mois, aux Fidji et les rapporter à Sydney, d'où ils étaient expédiés immédiatement par chemin de fer dans l'intérieur ou dans les autres États. Un service spécial entre les Fidji et la Nouvelle-Zélande était également organisé. Des steamers de 1,500 à 2,000 tonnes — *Gunga*, *Rockion*, *Waroonga*, *Birthsgate*, *Fidjian* — partaient à date fixe de Sydney et ramenaient à chaque voyage une moyenne de 30,000 à 35,000 régimes (2).

La banane est d'une culture facile. En observant les mesures indiquées par l'expérience, on peut planter 600 bananiers dans un hectare. Au bout de huit à dix mois, le bananier donne son fruit; le régime est bon à couper pour être expédié soit à Nouméa soit à Sydney. Les régimes des Nouvelles-Hébrides, égaux pour le moins — je dirais volontiers supérieurs — à ceux des Fidji que j'ai pu voir à Sydney, contiennent de 12 à 15 *mains*. Par « mains » on entend les séparations marquées du régime superposées dans l'ordre alterné; chaque main contient une douzaine de bananes. Il ne faut donc pas s'étonner que certains régimes arrivent au poids de 30 à 35 kilogrammes. Pendant que le fruit se forme, poussent autour du

(1) Il n'en est plus de même aujourd'hui. Les bananiers de Fidji dépérissent depuis trois ou quatre ans avec une telle rapidité, par suite de la présence d'un parasite qui tue la plante, que l'énorme fourniture de 70,000 régimes par mois a diminué dans des proportions considérables. Ce parasite n'existe pas aux Nouvelles-Hébrides, où les bananiers indemnes se trouvent dans toutes les conditions de prospérité.

(2) Voici un extrait de la cote du marché aux fruits (*The fruit market*) de Sydney : « Les bananes sont très demandées, le marché étant des mieux garnis. Environ 3,000 régimes ont été débarqués, venant des Nouvelles-Hébrides et constituant en bloc *les plus beaux échantillons qui aient été vus sur le marché*. Prix de vente : Bananes de Queensland, de 1 shilling 6 à 2 sh. 5 (1 fr. 85 à 2 fr. 60); bananes de Fidji, de 2 sh. 6 à 3 sh. (2 fr. 50 à 3 fr. 75); bananes des Nouvelles-Hébrides, de 3 sh. à 3 sh. 6 (3 fr. 75 à 4 fr. 35). » Ces chiffres se passent de commentaires.

tronc primitif de nombreux rejetons; il est nécessaire d'en sacrifier quelques-uns. Dans les terrains très riches des Nouvelles-Hébrides, il serait facile de laisser croître quatre rejetons; mais on irait ainsi vers un rapide épuisement de la terre, et le colon soucieux de l'avenir (1) doit se contenter de trois rejetons en croissance autour du premier plant mis en terre.

Aussitôt le premier régime coupé, il est nécessaire d'abattre le tronc qui l'a fourni; dès lors les rejetons poussent avec vigueur pour donner leur fruit l'un après l'autre, et pour eux également la même règle de conduite est nécessaire. A partir de la première coupe, le rendement des fruits peut être établi régulièrement, de sorte qu'en comptant 600 pieds primitifs ayant bientôt chacun trois rejetons, on obtient un total de 2,400 plants à l'hectare. Quant à la culture et aux soins spéciaux qu'elle nécessite, c'est assez simple : maintenir une propreté bien entendue du terrain; ramasser autour de chaque groupe les détritus végétaux qui encombrent les passages, cela afin de conserver au pied l'humidité nécessaire; couper les feuilles jaunies; sacrifier au besoin les régimes qui paraissent devoir avorter; dresser quelques Canaques à nettoyer le fruit en croissance, c'est-à-dire à enlever les pétales à mesure que le fruit prend corps; écheniller avec soin au moyen d'un large plumeau, de façon à débarrasser le futur régime des insectes (2) enfouis dans les replis de la fleur et qui donneraient aux bananes cet aspect rabougri, ces taches noirâtres mal vues des acheteurs.

Est-ce à dire que les colons doivent dès l'abord compter d'une façon absolue sur des régimes de 12 à 14 mains? Non. Les améliorations dues à la culture bien comprise sont le fait de l'expérience. Par suite, il faut compter dans les débuts sur des déchets. — Mais ces déchets eux-mêmes, je l'ai dit plus haut, ne sont pas perdus. Tout colon a des Canaques engagés; il leur doit la nourriture, et la banane constitue pour les indigènes un aliment de choix, dont ils font dans leurs tribus une grande consommation et dont ils sont très friands. Aussi mangent-ils ces fruits crus, à maturité, ou cuits dans l'eau bouillante, puis râpés et réduits en pâte par leur « lap-lap »; le planteur a donc toujours pour ressource de remplacer le riz réglementaire ou le manioc par des bananes.

En résumé le colon peut compter sur le 8e au moins, comme nombre de régimes, du nombre de pieds plantés et de leurs rejetons, soit 300 régimes par mois (sur 2,400 plants) et par hectare, au

(1) La bonne volonté, l'énergie, bien que nécessaires, ne sont pas suffisantes en matière de colonisation. Les premiers colons ont eu à souffrir des mauvais résultats des tentatives de début; certaines cultures supposées tout d'abord rémunératrices n'ont donné que des mécomptes; en un mot, il y a eu des écoles faites. Cette expérience, durement acquise, doit profiter aux nouveaux venus.

(2) Il y a beaucoup d'insectes aux Nouvelles-Hébrides (pucerons, araignées, cancrelats), et ils causent un mal incalculable.

bout de la première année, — moins les dix premiers mois, — en faisant une large part aux à-coups, à l'imprévu, aux déchets, au gaspillage, aux larcins des Canaques, il restera 200 régimes; 200 francs de bénéfice net (au minimum) par mois et par hectare, 2,000 francs pour 10 hectares, 24,000 francs par an. En comptant les cyclones, les coups de vent, la pluie surabondante, la sécheresse impitoyable (encore inconnue là-bas), ne laissons que la moitié. Il reste 12,000 francs par an pour 10 hectares en bananes.

C'est par ce chiffre que je terminerai cette étude un peu longue sur une culture facile, d'un bon rapport et d'une vente assurée.

Dr Ernest Davillé.

MISSION FRANÇAISE DE PORT-OLRY (ESPIRITU-SANTO).

(Photographie du Dr Jollet.

www.ingramcontent.com/pod-product-compliance
Ingram Content Group UK Ltd.
Pitfield, Milton Keynes, MK11 3LW, UK
UKHW021035200726
13857UKWH00004B/1728

9 782013 077187